The Butterfly And The Lion: Short Stories In French for Beginners

Artici Bilingual Books

Published by Artici Bilingual Books, 2024.

While every precaution has been taken in the preparation of this book, the publisher assumes no responsibility for errors or omissions, or for damages resulting from the use of the information contained herein.

THE BUTTERFLY AND THE LION: SHORT STORIES IN FRENCH FOR BEGINNERS

First edition. April 1, 2024.

Copyright © 2024 Artici Bilingual Books.

ISBN: 979-8224156986

Written by Artici Bilingual Books.

Table of Contents

Les Palmiers

Au bord d'une plage de sable blanc, il y avait un petit village où vivaient des pêcheurs et leurs familles. Chaque jour, les habitants du village se levaient tôt pour aller travailler sur la mer, ramenant avec eux du poisson frais pour nourrir leur communauté.

Un matin, alors que le soleil se levait lentement à l'horizon, une jeune femme du nom de Camille se promenait sur la plage. Elle aimait sentir le sable chaud sous ses pieds et écouter le doux murmure des vagues qui se brisaient sur le rivage.

Alors qu'elle marchait, Camille remarqua un groupe de palmiers se balançant doucement au rythme du vent. Leurs feuilles vertes semblaient danser dans la lumière du matin, donnant à la plage une atmosphère de tranquillité et de sérénité.

Camille s'approcha des palmiers, curieuse de les voir de plus près. Elle caressa doucement les feuilles, sentant leur texture lisse sous ses doigts. Elle ferma les yeux et laissa le parfum sucré des palmiers remplir ses sens.

Soudain, elle entendit un léger bruit venant de derrière les arbres. Intriguée, elle se dirigea vers le son et découvrit un jeune homme assis sous l'ombre d'un des palmiers, jouant de la guitare.

Le jeune homme sourit en voyant Camille et lui fit signe de s'approcher. "Bonjour," dit-il d'une voix douce. "Voulez-vous vous joindre à moi ?"

Camille hocha la tête avec un sourire timide et s'assit à côté du jeune homme. Il lui tendit la guitare et lui montra quelques accords simples. Ensemble, ils commencèrent à jouer de la musique, leurs voix se mêlant au doux bruit des vagues.

Pendant des heures, Camille et le jeune homme jouèrent de la guitare sous les palmiers, la musique remplissant l'air de son harmonie apaisante. Ils partagèrent des histoires et des rires, se sentant connectés par la magie de la musique et de la nature qui les entourait.

Finalement, alors que le soleil atteignait son zénith dans le ciel, Camille et le jeune homme décidèrent de prendre une pause. Ils s'allongèrent sur le sable chaud, regardant les nuages blancs dériver lentement au-dessus d'eux.

"Les palmiers sont si beaux," murmura Camille, regardant les arbres se balancer doucement au-dessus d'eux.

Le jeune homme hocha la tête. "Oui, ils sont comme des gardiens de la plage, veillant sur nous avec leur grâce et leur beauté."

Alors qu'ils se levaient pour partir, le jeune homme tendit la main à Camille avec un sourire chaleureux. "Merci pour cette belle journée," dit-il. "J'espère te revoir bientôt."

Camille prit sa main avec reconnaissance. "Merci à toi aussi," répondit-elle. "C'était vraiment magique."

Ils se dirent au revoir avec un sourire et chacun partit de son côté, emportant avec eux le souvenir de cette journée inoubliable passée sous les palmiers, bercés par la musique et la douce brise de la mer.

The Palm Trees

On the edge of a white sandy beach, there was a small village where fishermen and their families lived. Every day, the villagers would wake up early to work on the sea, bringing back fresh fish to feed their community.

One morning, as the sun rose slowly on the horizon, a young woman named Camille was walking along the beach. She loved feeling the warm sand under her feet and listening to the gentle murmur of the waves breaking on the shore.

As she walked, Camille noticed a group of palm trees swaying gently to the rhythm of the wind. Their green leaves seemed to dance in the morning light, giving the beach an atmosphere of tranquility and serenity.

Camille approached the palm trees, curious to see them up close. She gently caressed the leaves, feeling their smooth texture under her fingers. She closed her eyes and let the sweet scent of the palm trees fill her senses. Suddenly, she heard a faint sound coming from behind the trees. Intrigued, she headed towards the sound and discovered a young man sitting in the shade of one of the palm trees, playing the guitar.

The young man smiled upon seeing Camille and gestured for her to join him. "Hello," he said in a soft voice. "Would you like to join me?"

Camille nodded with a shy smile and sat down beside the young man. He handed her the guitar and showed her a few simple chords. Together, they began to play music, their voices blending with the gentle sound of the waves.

For hours, Camille and the young man played the guitar under the palm trees, the music filling the air with its soothing harmony. They shared stories and laughter, feeling connected by the magic of music and the nature surrounding them.

Eventually, as the sun reached its zenith in the sky, Camille and the young man decided to take a break. They lay down on the warm sand, watching the white clouds drift slowly above them.

"The palm trees are so beautiful," murmured Camille, watching the trees sway gently above them.

The young man nodded. "Yes, they are like guardians of the beach, watching over us with their grace and beauty."

As they got up to leave, the young man reached out to Camille with a warm smile. "Thank you for this beautiful day," he said. "I hope to see you again soon."

Camille took his hand gratefully. "Thank you too," she replied. "It was truly magical."

They said goodbye with a smile, each going their separate ways, carrying with them the memory of this unforgettable day spent under the palm trees, rocked by music and the gentle sea breeze.

La Porte Violette

Il était une fois, dans un petit village au bord de la mer, une jeune fille nommée Marie. Marie vivait dans une maisonnette en bois, près du phare qui éclairait la côte la nuit.

Chaque jour, Marie se promenait sur la plage, ramassant des coquillages et observant les bateaux qui naviguaient au loin. Mais il y avait une chose qui l'intriguait plus que tout : la mystérieuse porte violette au bout de la rue.

La porte violette était différente des autres portes du village. Elle était haute et étroite, avec des arabesques dorées sculptées dans le bois. Personne ne semblait savoir qui habitait derrière cette porte, car personne ne l'avait jamais vue s'ouvrir.

Marie avait souvent rêvé de savoir ce qui se cachait derrière la porte violette. Elle imaginait un monde magique, rempli de merveilles et d'aventures.

Un jour, alors qu'elle se promenait sur la plage, Marie rencontra une vieille femme assise sur un banc, regardant l'horizon avec tristesse.

"Bonjour, jeune fille," dit la vieille femme d'une voix douce. "Que fais-tu ici toute seule ?"

Marie sourit timidement et expliqua à la vieille femme son intrigue pour la porte violette.

"Ah, la porte violette", dit la vieille femme en souriant. "C'est une porte très spéciale, pleine de secrets et de mystères."

Marie écarquilla les yeux, captivée par les paroles de la vieille femme.

"Que se cache-t-il derrière cette porte ?" demanda-t-elle, excitée.

La vieille femme se pencha vers Marie et lui murmura à l'oreille : "Pour le découvrir, il te faudra une clé magique."

Marie sentit son cœur battre plus fort à ces mots. Une clé magique ? Où pourrait-elle en trouver une ?

La vieille femme sortit alors de sa poche une petite clé en forme de cœur, brillant d'une lueur mystérieuse.

"Cette clé te mènera là où tu veux aller", dit-elle à Marie. "Mais attention, la magie peut être imprévisible. Utilise-la avec prudence."

Marie prit la clé avec précaution, les yeux brillants d'excitation. Elle remercia la vieille femme et se mit en route vers la porte violette, son cœur battant d'impatience.

Arrivée devant la porte, Marie inséra la clé dans la serrure et tourna lentement. Un cliquetis retentit et la porte s'ouvrit lentement, révélant un passage sombre et mystérieux.

Marie hésita un instant, puis franchit le seuil avec courage. Elle se retrouva dans un corridor étroit, éclairé par une lueur faible et tamisée.

Elle avança prudemment, suivant le chemin sinueux jusqu'à ce qu'elle arrive devant une grande salle, remplie de trésors scintillants et de merveilles enchantées.

Elle découvrit des coffres remplis de bijoux étincelants, des étagères chargées de livres anciens et des tableaux magiques qui semblaient bouger sous son regard.

Au milieu de la salle, Marie remarqua une silhouette familière : c'était la vieille femme qu'elle avait rencontrée sur la plage.

"Bonjour, Marie," dit la vieille femme en souriant. "Je suis la gardienne de ce lieu magique, caché derrière la porte violette."

Marie était émerveillée par tout ce qu'elle voyait autour d'elle. Elle se sentait comme dans un conte de fées, où tout était possible.

La vieille femme lui expliqua que la porte violette était un passage vers un monde enchanté, accessible uniquement aux cœurs purs et courageux.

Car derrière la porte violette, tout était possible, et Marie savait qu'elle pouvait accomplir n'importe quoi avec un peu de courage et de magie dans son cœur.

The Purple Door

Once upon a time, in a small village by the sea, there was a young girl named Marie. Marie lived in a little wooden cottage near the lighthouse that illuminated the coast at night.

Every day, Marie would stroll along the beach, collecting seashells and watching the boats sail far away. But there was one thing that intrigued her more than anything: the mysterious purple door at the end of the street.

The purple door was different from the other doors in the village. It was tall and narrow, with golden arabesques carved into the wood. No one seemed to know who lived behind that door, as no one had ever seen it open.

Marie often dreamed of finding out what lay behind the purple door. She imagined a magical world, filled with wonders and adventures.

One day, while walking on the beach, Marie met an old woman sitting on a bench, gazing sadly at the horizon.

"Hello, young girl," said the old woman in a soft voice. "What are you doing here all alone?"

Marie smiled timidly and explained to the old woman her intrigue about the purple door.

"Ah, the purple door," said the old woman, smiling. "It's a very special door, full of secrets and mysteries."

Marie's eyes widened, captivated by the old woman's words.

"What lies behind that door?" she asked, excitedly.

The old woman leaned towards Marie and whispered in her ear: "To find out, you'll need a magic key."

Marie felt her heart beat faster at these words. A magic key? Where could she find one?

The old woman then pulled out of her pocket a small key shaped like a heart, shining with a mysterious glow.

"This key will take you wherever you want to go," she told Marie. "But be careful, magic can be unpredictable. Use it wisely."

Marie took the key cautiously, her eyes sparkling with excitement. She thanked the old woman and set off towards the purple door, her heart pounding with impatience.

Arriving in front of the door, Marie inserted the key into the lock and turned it slowly. A click sounded, and the door opened slowly, revealing a dark and mysterious passage.

Marie hesitated for a moment, then crossed the threshold with courage. She found herself in a narrow corridor, lit by a faint, subdued glow.

She advanced cautiously, following the winding path until she reached a large hall, filled with glittering treasures and enchanted wonders.

She discovered chests filled with sparkling jewels, shelves lined with ancient books, and magical paintings that seemed to move under her gaze.

In the middle of the hall, Marie noticed a familiar figure: it was the old woman she had met on the beach.

"Hello, Marie," said the old woman, smiling. "I am the guardian of this magical place, hidden behind the purple door."

Marie was amazed by everything she saw around her. She felt like she was in a fairy tale, where anything was possible.

The old woman explained to her that the purple door was a passage to an enchanted world, accessible only to pure and courageous hearts.

For behind the purple door, anything was possible, and Marie knew that she could accomplish anything with a little courage and magic in her heart.

Le Rocher

Au bord d'une petite rivière, près d'un village paisible, se trouvait un rocher. Ce rocher était imposant, solide et immuable. Depuis des siècles, il se dressait là, témoin silencieux du passage du temps.

Un jour, un jeune homme nommé Luc décida de partir à l'aventure. Il se sentait étouffé par la routine de sa vie quotidienne et cherchait quelque chose de nouveau, quelque chose qui le remplirait d'émerveillement et de passion.

Armé de courage et de détermination, Luc entreprit un voyage à travers les montagnes, les forêts et les vallées. Il escalada des sommets vertigineux, traversa des rivières tumultueuses et affronta des tempêtes déchaînées. Mais à chaque étape de son périple, une pensée persistait dans son esprit : le rocher.

Luc avait entendu parler de ce rocher depuis son enfance. On racontait qu'il possédait un pouvoir mystérieux, capable de réaliser les vœux de ceux qui le touchaient avec foi et conviction. Intrigué par cette légende, Luc décida de chercher le rocher et de voir par lui-même si ces histoires étaient vraies.

Après des jours de marche, Luc arriva enfin au bord de la rivière où se dressait le rocher. Il était plus imposant que dans ses rêves les plus fous, sa masse massive semblait défier les lois de la nature elle-même.

Plein d'espoir et d'excitation, Luc s'approcha du rocher et posa sa main sur sa surface rugueuse. Il ferma les yeux et murmura à voix basse son vœu le plus cher, celui de trouver un sens à sa vie et de découvrir sa véritable destinée.

Pendant un moment, rien ne se passa. Le rocher resta aussi immobile que toujours, comme s'il était insensible aux supplications de Luc. Mais juste au moment où Luc commençait à perdre espoir, il sentit un étrange frisson parcourir son corps.

Lentement, presque imperceptiblement, le rocher commença à vibrer sous sa main. Des étincelles semblèrent danser autour de lui, éclairant la nuit de leur éclat magique. Et soudain, une voix résonna dans l'esprit de Luc, douce et apaisante.

"Je suis le gardien des rêves perdus et des désirs enfouis", dit la voix. "Mais pour réaliser tes vœux, tu dois d'abord trouver la force et la détermination en toi-même. Je ne peux que t'offrir une chance, mais c'est à toi de saisir cette opportunité et de la transformer en réalité."

Les paroles du rocher résonnèrent profondément en Luc. Il comprit que le véritable pouvoir résidait en lui-même, dans sa capacité à croire en ses rêves et à travailler sans relâche pour les réaliser. Avec un sourire déterminé, Luc remercia le rocher et se promit de ne jamais abandonner sa quête de sens et d'accomplissement.

The Rock

By the edge of a small river, near a peaceful village, stood a rock. This rock was imposing, solid, and unchanging. For centuries, it stood there, a silent witness to the passage of time.

One day, a young man named Luc decided to embark on an adventure. He felt stifled by the routine of his daily life and sought something new, something that would fill him with wonder and passion.

Armed with courage and determination, Luc set out on a journey through mountains, forests, and valleys. He climbed dizzying peaks, crossed tumultuous rivers, and faced raging storms. But at every step of his journey, one thought persisted in his mind: the rock.

Luc had heard about this rock since his childhood. It was said to possess a mysterious power, capable of granting the wishes of those who touched it with faith and conviction. Intrigued by this legend, Luc decided to seek out the rock and see for himself if these stories were true.

After days of walking, Luc finally arrived at the river's edge where the rock stood. It was more imposing than in his wildest dreams, its massive bulk seeming to defy the laws of nature itself.

Full of hope and excitement, Luc approached the rock and placed his hand on its rough surface. He closed his eyes and whispered softly his deepest wish, that of finding meaning in his life and discovering his true destiny.

For a moment, nothing happened. The rock remained as still as ever, as if it were impervious to Luc's supplications. But just as Luc began to lose hope, he felt a strange shiver run through his body.

Slowly, almost imperceptibly, the rock began to vibrate under his hand. Sparks seemed to dance around it, lighting up the night with their magical glow. And suddenly, a voice echoed in Luc's mind, soft and soothing.

"I am the guardian of lost dreams and buried desires," said the voice. "But to make your wishes come true, you must first find the strength and determination within yourself. I can only offer you a chance, but it is up to you to seize this opportunity and turn it into reality."

The rock's words resonated deeply within Luc. He understood that the true power resided within himself, in his ability to believe in his dreams and to work tirelessly to make them come true. With a determined smile, Luc thanked the rock and vowed never to give up his quest for meaning and fulfillment.

Le Soleil et la Pluie

C'était une journée d'été comme toutes les autres dans le petit village de Saint-Martin. Les rues étaient calmes, et les gens vaquaient à leurs occupations quotidiennes. Mais dans la maison de Lucie, quelque chose de spécial allait se produire ce jour-là.

Lucie était une jeune femme joyeuse qui aimait passer du temps dans son jardin. Elle prenait soin de ses fleurs avec amour, les arrosant chaque jour et les regardant grandir sous le soleil chaud de l'été. Mais ce jour-là, quelque chose de différent se produisit.

Alors que Lucie s'occupait de ses fleurs, le ciel se couvrit soudain de nuages sombres, et de gros gouttes de pluie commencèrent à tomber. Lucie leva les yeux vers le ciel, surprise par ce changement soudain de temps. Elle se précipita pour ramasser ses outils de jardinage et se réfugia à l'intérieur de sa maison.

À l'intérieur, elle regarda par la fenêtre alors que la pluie battait contre les carreaux. Elle se sentait un peu déçue que sa journée de jardinage ait été interrompue par la pluie, mais elle décida de ne pas se laisser abattre. Elle se mit à faire du thé chaud et se blottit dans un fauteuil confortable, appréciant le son apaisant de la pluie qui tombait à l'extérieur.

Alors qu'elle sirotait son thé, Lucie entendit soudain un bruit étrange venant du jardin. Elle se leva précipitamment et se dirigea vers la porte d'entrée pour voir ce qui se passait. Quelle ne fut pas sa surprise en ouvrant la porte pour découvrir un homme trempé jusqu'aux os, debout sur le pas de sa porte.

L'homme sourit timidement à Lucie et lui demanda s'il pouvait se réfugier de la pluie sous son porche. Lucie hocha la tête avec un sourire et invita l'homme à entrer. Elle lui offrit une serviette pour qu'il puisse s'essuyer et lui servit une tasse de thé chaud pour le réchauffer.

L'homme s'appelait Paul, et il était en voyage à travers le pays. Il avait été pris par la pluie alors qu'il marchait sur la route et avait cherché un abri pour se protéger de l'averse. Lucie trouva Paul très charmant, et ils se mirent à discuter comme s'ils se connaissaient depuis toujours.

Au fil de la conversation, Lucie découvrit que Paul était un écrivain en quête d'inspiration pour son prochain roman. Il aimait observer les gens et recueillir des histoires intéressantes sur ses voyages. Lucie était fascinée par les récits de Paul et se rendit compte qu'elle aussi avait beaucoup d'histoires à raconter.

Alors que la pluie continuait de tomber à l'extérieur, Lucie et Paul restèrent assis à discuter pendant des heures, échangeant des histoires et des anecdotes sur leur vie. Lucie se sentait de plus en plus proche de Paul, comme si elle l'avait connu depuis toujours.

Finalement, la pluie commença à se calmer, et les nuages sombres se dissipèrent pour laisser place au soleil couchant. Lucie regarda par la fenêtre, émerveillée par la beauté du ciel après l'averse. Elle se tourna vers Paul avec un sourire.

Alors que la nuit tombait et que les étoiles commençaient à briller dans le ciel, Lucie réalisa qu'elle avait vécu une journée extraordinaire, grâce à la pluie qui avait apporté Paul dans sa vie.

The Sun and the Rain

It was a summer day like any other in the small village of Saint-Martin. The streets were quiet, and people went about their daily routines. But something special was going to happen that day in Lucie's house.

Lucie was a cheerful young woman who loved spending time in her garden. She took care of her flowers with love, watering them every day and watching them grow under the warm summer sun. But that day, something different happened.

As Lucie tended to her flowers, the sky suddenly became covered with dark clouds, and big raindrops started to fall. Lucie looked up at the sky, surprised by this sudden change in weather. She hurried to gather her gardening tools and took refuge inside her house.

Indoors, she looked out the window as the rain beat against the panes. She felt a little disappointed that her gardening day had been interrupted by the rain, but she decided not to let it get her down. She made herself a cup of hot tea and settled into a comfortable armchair, enjoying the soothing sound of the rain falling outside.

As she sipped her tea, Lucie suddenly heard a strange noise coming from the garden. She got up quickly and headed to the front door to see what was happening. Much to her surprise, when she opened the door, she discovered a man soaking wet, standing on her doorstep.

The man smiled timidly at Lucie and asked if he could take shelter from the rain under her porch. Lucie nodded with a smile and invited the man inside. She offered him a towel to dry off and served him a cup of hot tea to warm him up.

The man's name was Paul, and he was traveling through the country. He had been caught in the rain while walking along the road and had sought shelter to protect himself from the downpour. Lucie found Paul very charming, and they began to chat as if they had known each other for years.

As they talked, Lucie learned that Paul was a writer in search of inspiration for his next novel. He enjoyed observing people and gathering interesting stories from his travels. Lucie was fascinated by Paul's tales and realized that she too had many stories to tell.

As the rain continued to fall outside, Lucie and Paul sat and talked for hours, exchanging stories and anecdotes about their lives. Lucie felt closer and closer to Paul, as if she had known him forever.

Eventually, the rain began to let up, and the dark clouds dispersed to reveal the setting sun. Lucie looked out the window, marveling at the beauty of the sky after the rain. She turned to Paul with a smile.

As night fell and the stars began to shine in the sky, Lucie realized that she had experienced an extraordinary day, thanks to the rain that had brought Paul into her life.

Le Chat qui Parle

Dans un petit village au bord de la mer, vivait une femme nommée Marie. Marie était une femme simple, avec des cheveux gris et des yeux doux, qui aimait se promener le long de la plage chaque soir.

Un soir, alors qu'elle se promenait sur la plage, Marie entendit un bruit étrange venant des rochers. Elle s'approcha et découvrit un chat noir assis sur un rocher, regardant fixement l'horizon.

Intriguée, Marie s'approcha du chat et s'assit à côté de lui. "Bonjour, chat", dit-elle doucement. "Que fais-tu ici tout seul ?"

Le chat la regarda avec des yeux brillants et lui répondit d'une voix claire : "Je regarde le coucher de soleil. C'est si beau, n'est-ce pas ?"

Marie resta bouche bée. Elle n'avait jamais entendu un chat parler auparavant. "Tu... tu parles ?", balbutia-t-elle, incrédule.

Le chat hocha la tête avec un petit sourire. "Oui, je parle. Mais seulement à ceux qui prennent le temps de m'écouter."

Marie était fascinée. Elle passa des heures à parler avec le chat, écoutant ses histoires sur la mer et les étoiles, et partageant ses propres rêves et aspirations.

Au fil des jours, Marie et le chat devinrent de bons amis. Ils se retrouvaient souvent sur la plage, discutant et riant ensemble, sous le doux clair de lune.

Un jour, alors qu'ils étaient assis sur la plage, le chat demanda à Marie : "Veux-tu réaliser un vœu ?"

Marie hocha la tête avec enthousiasme. "Oui, bien sûr !"

Le chat lui fit un clin d'œil. "Très bien. Ferme les yeux et fais un vœu, puis ouvre-les et regarde ce qui se passe."

Marie ferma les yeux et fit un vœu du fond de son cœur. Quand elle les rouvrit, elle vit quelque chose d'incroyable.

Devant elle, sur le sable, se trouvait un trésor étincelant, composé de coquillages et de perles. C'était le plus beau trésor qu'elle ait jamais vu.

Marie était stupéfaite. "C'est... c'est pour moi ?"

Le chat hocha la tête. "Oui, c'est ton trésor. Pour te rappeler que les rêves peuvent devenir réalité si tu crois en eux."

Marie était remplie de gratitude. Elle prit le trésor entre ses mains tremblantes et leva les yeux vers le chat. "Merci, merci infiniment."

Le chat lui fit un sourire chaleureux. "De rien, Marie. Il est temps pour moi de partir maintenant, mais n'oublie jamais nos conversations sur la plage."

Avec un dernier sourire, le chat s'éloigna lentement, disparaissant dans l'obscurité de la nuit.

Depuis ce jour, Marie continua à se promener sur la plage chaque soir, regardant le coucher de soleil et pensant à son ami le chat qui parlait. Et même si elle ne le revit jamais, elle savait qu'il était toujours là, quelque part, veillant sur elle depuis les étoiles.

The Talking Cat

In a small village by the sea lived a woman named Marie. Marie was a simple woman, with gray hair and gentle eyes, who loved to walk along the beach every evening.

One evening, as she walked along the beach, Marie heard a strange noise coming from the rocks. She approached and discovered a black cat sitting on a rock, staring out at the horizon.

Intrigued, Marie approached the cat and sat down beside it. "Hello, cat," she said softly. "What are you doing here all alone?"

The cat looked at her with shining eyes and replied in a clear voice: "I'm watching the sunset. It's so beautiful, isn't it?"

Marie was speechless. She had never heard a cat speak before. "You... you can talk?" she stammered, incredulous.

The cat nodded with a small smile. "Yes, I can talk. But only to those who take the time to listen to me."

Marie was fascinated. She spent hours talking with the cat, listening to its stories about the sea and the stars, and sharing her own dreams and aspirations.

Over the days, Marie and the cat became good friends. They often met on the beach, chatting and laughing together, under the soft moonlight.

One day, as they sat on the beach, the cat asked Marie, "Would you like to make a wish?"

Marie nodded eagerly. "Yes, of course!"

The cat winked at her. "Very well. Close your eyes and make a wish, then open them and see what happens."

Marie closed her eyes and made a wish from the bottom of her heart. When she opened them, she saw something incredible.

Before her, on the sand, was a sparkling treasure, made up of seashells and pearls. It was the most beautiful treasure she had ever seen.

Marie was amazed. "Is... is this for me?"

The cat nodded. "Yes, it's your treasure. To remind you that dreams can come true if you believe in them."

Marie was filled with gratitude. She took the treasure in her trembling hands and looked up at the cat. "Thank you, thank you so much."

The cat gave her a warm smile. "You're welcome, Marie. It's time for me to go now, but never forget our conversations on the beach."

With one last smile, the cat walked away slowly, disappearing into the darkness of the night.

Since that day, Marie continued to walk on the beach every evening, watching the sunset and thinking of her friend the talking cat. And even though she never saw him again, she knew he was still there, somewhere, watching over her from the stars.

Un Amour Éternel

Dans une petite ville au bord de la mer, vivait un vieux couple, Paul et Marie. Ils avaient passé toute leur vie ensemble, partageant chaque moment, chaque sourire et chaque larme.

Paul et Marie s'étaient rencontrés lorsqu'ils étaient jeunes. Ils s'étaient aimés dès le premier regard et n'avaient jamais cessé de s'aimer depuis. Leur amour était aussi fort que l'océan qui se déroulait devant leur maison.

Chaque matin, Paul se levait tôt pour préparer le petit déjeuner, tandis que Marie préparait la table avec soin. Ils s'asseyaient ensemble, regardant le soleil se lever sur l'horizon, savourant chaque instant passé ensemble.

Ils avaient une routine simple mais heureuse. Ils se promenaient main dans la main le long de la plage, écoutant le bruit des vagues et regardant les mouettes tournoyer dans le ciel. Ils s'arrêtaient souvent pour ramasser des coquillages, des trésors de la mer qu'ils gardaient précieusement chez eux.

Le soir, ils s'installaient sur le balcon, enveloppés dans une couverture, regardant les étoiles scintiller dans le ciel nocturne. Ils se racontaient des histoires, se remémorant les moments forts de leur vie, riant et pleurant ensemble.

Paul et Marie avaient traversé de nombreux défis au fil des ans, mais leur amour n'avait jamais vacillé. Ils étaient liés par un lien indéfectible, un lien qui semblait défier le temps lui-même.

Un jour, alors qu'ils se promenaient sur la plage, Paul prit la main de Marie et s'arrêta. Il la regarda droit dans les yeux, un sourire tendre aux lèvres.

"Marie, mon amour", dit-il doucement, "nous avons partagé tant de merveilleux moments ensemble. Je ne pourrais pas imaginer ma vie sans toi."

Les yeux de Marie s'emplirent de larmes de bonheur. Elle serra la main de Paul avec force.

"Et moi non plus, mon cher Paul", répondit-elle. "Tu es mon rocher, mon refuge, mon amour éternel."

Ils vieillirent ensemble, partageant chaque joie et chaque peine avec courage et amour. Et quand le moment vint pour eux de dire au revoir à ce monde, ils le firent main dans la main, prêts à affronter l'éternité ensemble, leur amour indéfectible brûlant pour toujours dans leur cœur.

Eternal Love

In a small town by the sea, lived an elderly couple, Paul and Marie. They had spent their entire lives together, sharing every moment, every smile, and every tear.

Paul and Marie had met when they were young. They had loved each other from the first glance and had never stopped loving each other since. Their love was as strong as the ocean that unfolded in front of their house.

Every morning, Paul would wake up early to prepare breakfast, while Marie set the table carefully. They sat together, watching the sun rise over the horizon, savoring every moment spent together.

They had a simple but happy routine. They walked hand in hand along the beach, listening to the sound of the waves and watching the seagulls soar in the sky. They often stopped to collect seashells, treasures from the sea that they kept dearly at home.

In the evening, they sat on the balcony, wrapped in a blanket, watching the stars twinkle in the night sky. They told each other stories, reminiscing about the highlights of their lives, laughing and crying together.

Paul and Marie had faced many challenges over the years, but their love had never wavered. They were bound by an unbreakable bond, a bond that seemed to defy time itself.

One day, as they walked along the beach, Paul took Marie's hand and stopped. He looked her straight in the eyes, a tender smile on his lips.

"Marie, my love," he said softly, "we have shared so many wonderful moments together. I couldn't imagine my life without you."

Tears of happiness welled up in Marie's eyes. She squeezed Paul's hand tightly.

"And neither could I, my dear Paul," she replied. "You are my rock, my refuge, my eternal love."

They grew old together, sharing every joy and every sorrow with courage and love. And when the time came for them to say goodbye to this world, they did so hand in hand, ready to face eternity together, their unwavering love burning forever in their hearts.

Le Chat Noir

Dans une petite ville au bord de la rivière, il y avait une vieille maison en pierre. Dans cette maison vivait un homme solitaire nommé Jean. Jean avait un chat noir appelé Félix. Félix était son seul compagnon.

Chaque soir, Jean et Félix s'asseyaient près de la cheminée, écoutant le crépitement des flammes. Jean aimait raconter des histoires à Félix, même s'il savait que le chat ne pouvait pas comprendre ses mots. C'était juste agréable d'avoir quelqu'un à qui parler.

Un soir d'hiver, une tempête de neige enveloppa la ville. Jean était assis près de la fenêtre, regardant les flocons tourbillonner dans la nuit noire. Félix était couché à ses pieds, ronronnant doucement.

Soudain, il y eut un grattage à la porte. Jean se leva et ouvrit la porte. Dans l'obscurité, il vit une silhouette tremblante. C'était une femme vêtue de haillons, frissonnant de froid.

Jean la fit entrer et la conduisit près de la cheminée. Il lui donna une couverture pour se réchauffer. La femme regarda autour d'elle avec des yeux épuisés. Elle semblait avoir parcouru un long chemin.

Jean lui offrit un bol de soupe chaude. La femme leva les yeux vers lui, et dans la lueur des flammes, il vit une lueur de gratitude dans son regard. "Merci", murmura-t-elle faiblement.

Jean lui sourit et se tourna vers Félix. Le chat noir était assis à côté de lui, observant la scène avec curiosité.

La femme se présenta comme Marie. Elle expliqua à Jean qu'elle était une voyageuse, cherchant un refuge contre la tempête. Jean lui offrit un endroit pour passer la nuit.

Alors que la tempête faisait rage à l'extérieur, Jean, Marie et Félix étaient assis près de la cheminée. Jean raconta des histoires de voyages lointains, de terres exotiques et d'aventures extraordinaires. Marie écoutait avec fascination, ses yeux brillants d'intérêt.

Félix se frotta contre les jambes de Marie, comme s'il voulait lui dire qu'elle était la bienvenue. Marie sourit et caressa doucement la tête du chat noir.

Au fil de la soirée, Jean et Marie se découvrirent de nombreux points communs. Ils avaient tous les deux une passion pour les livres et les voyages. Ils riaient et parlaient comme de vieux amis perdus depuis longtemps retrouvés.

La tempête finit par se calmer, laissant place à un ciel étoilé. Marie se leva pour partir, remerciant Jean pour son hospitalité. Jean lui offrit une couverture pour la route.

Alors qu'elle se tenait sur le pas de la porte, prête à partir, Marie se tourna vers Jean.

"Merci pour cette merveilleuse soirée", dit-elle avec un sourire.

Jean sourit en retour. "Ce fut un plaisir de vous avoir ici", répondit-il.

Marie se pencha et embrassa doucement Félix sur la tête. Le chat noir ronronna de contentement.

Puis, avec un dernier au revoir, Marie disparut dans la nuit, laissant Jean et Félix seuls dans la maison silencieuse.

Jean regarda par la fenêtre, regardant les étoiles scintiller dans le ciel nocturne. Il se sentait reconnaissant pour cette rencontre inattendue, pour cette brève lueur de chaleur et de compagnie dans sa vie solitaire.

Félix se frotta contre sa jambe, comme s'il voulait lui dire que tout irait bien. Jean sourit et caressa doucement le chat noir.

Ensemble, ils restaient assis près de la cheminée, écoutant le silence de la nuit.

The Black Cat

In a small town by the river, there was an old stone house. In this house lived a solitary man named Jean. Jean had a black cat named Felix. Felix was his only companion.

Every evening, Jean and Felix would sit by the fireplace, listening to the crackling of the flames. Jean liked to tell stories to Felix, even though he knew the cat couldn't understand his words. It was just nice to have someone to talk to.

One winter evening, a snowstorm enveloped the town. Jean sat by the window, watching the flakes swirl in the dark night. Felix lay at his feet, purring softly.

Suddenly, there was a scratching at the door. Jean got up and opened the door. In the darkness, he saw a trembling figure. It was a woman dressed in rags, shivering with cold.

Jean invited her in and led her to the fireplace. He gave her a blanket to warm herself. The woman looked around with weary eyes. She seemed to have traveled a long way.

Jean offered her a bowl of hot soup. The woman looked up at him, and in the flickering light of the flames, he saw a glimmer of gratitude in her eyes.

"Thank you," she whispered weakly.

Jean smiled at her and turned to Felix. The black cat was sitting next to him, watching the scene with curiosity.

The woman introduced herself as Marie. She explained to Jean that she was a traveler, seeking refuge from the storm. Jean offered her a place to spend the night.

As the storm raged outside, Jean, Marie, and Felix sat by the fireplace. Jean told stories of distant travels, exotic lands, and extraordinary adventures. Marie listened with fascination, her eyes shining with interest.

Felix rubbed against Marie's legs, as if to tell her she was welcome. Marie smiled and gently stroked the black cat's head.

Throughout the evening, Jean and Marie discovered many common interests. They both had a passion for books and travel. They laughed and talked like old friends reunited after a long time apart.

Eventually, the storm subsided, giving way to a starry sky. Marie got up to leave, thanking Jean for his hospitality. Jean offered her a blanket for the road.

As she stood on the doorstep, ready to leave, Marie turned to Jean.

"Thank you for this wonderful evening," she said with a smile.

Jean smiled back. "It was a pleasure to have you here," he replied.

Marie leaned down and kissed Felix gently on the head. The black cat purred with contentment.

Then, with one final goodbye, Marie disappeared into the night, leaving Jean and Felix alone in the quiet house.

Jean looked out the window, watching the stars twinkle in the night sky. He felt grateful for this unexpected encounter, for this brief glow of warmth and companionship in his solitary life.

Felix rubbed against his leg, as if to tell him that everything would be okay. Jean smiled and gently stroked the black cat.

Together, they sat by the fireplace, listening to the silence of the night.

Le Mystère du Chalet Abandonné

Au cœur des montagnes, caché parmi les sapins, se trouvait un chalet abandonné. Personne ne savait depuis combien de temps il était là, mais ses fenêtres fissurées et son toit recouvert de mousse témoignaient des années passées.

Un jour, une jeune femme nommée Sophie décida d'explorer le chalet. Elle avait entendu des histoires sur ce lieu mystérieux et avait toujours été intriguée. Armée d'une lampe de poche et d'un courage timide, elle se fraya un chemin à travers les arbres jusqu'au chalet.

La porte grinça lorsqu'elle l'ouvrit, révélant une obscurité profonde à l'intérieur. Sophie entra lentement, ses pas résonnant sur le plancher poussiéreux. Les rayons de lumière de sa lampe de poche dansaient le long des murs couverts de vieux papiers peints défraîchis.

Elle parcourut les pièces, découvrant des meubles poussiéreux et des objets abandonnés depuis longtemps. Mais alors qu'elle atteignait le grenier, quelque chose attira son attention.

Au fond du grenier, dissimulée sous une pile de vieux draps, se trouvait une malle en bois. Sophie s'approcha avec curiosité et l'ouvrit avec précaution. À l'intérieur, elle trouva un cahier jauni par le temps, rempli de notes écrites à la main.

Elle commença à lire, découvrant l'histoire fascinante du chalet et de ses anciens habitants. Ils étaient une famille de montagnards, vivant en harmonie avec la nature, jusqu'à ce qu'une série d'événements tragiques les force à abandonner leur foyer.

Sophie était captivée par chaque mot, imaginant la vie de cette famille oubliée depuis longtemps. Mais alors qu'elle tournait la dernière page du cahier, elle découvrit une note finale, écrite dans une encre qui semblait encore fraîche.

"Si vous avez trouvé ce cahier, c'est que vous êtes destiné à découvrir la vérité sur notre famille. Sous le plancher du chalet, vous trouverez ce que vous cherchez."

Son cœur battant d'excitation, Sophie referma le cahier et se précipita dans la pièce principale du chalet. Elle se mit à genoux et commença à inspecter le plancher, cherchant un indice qui pourrait la mener à la découverte promise.

Après quelques minutes de recherche frénétique, ses doigts heurtèrent quelque chose de dur et de froid sous une planche lâche. Avec précaution, elle souleva la planche et découvrit un coffret en bois orné de motifs complexes.

Elle ouvrit le coffret avec précaution et y découvrit un pendentif en argent, incrusté d'une pierre bleue étincelante. Ses yeux s'élargirent devant la beauté de l'objet. Qui l'avait caché ici ? Et pourquoi ?

Alors qu'elle contemplait le pendentif, une ombre surgit soudainement dans l'encadrement de la porte. Sophie sursauta, tenant fermement le pendentif dans sa main.

"C'est à vous, maintenant", dit une voix douce.

Sophie se retourna et vit une vieille femme, le visage ridé par le temps mais les yeux brillants d'intelligence. Elle tendit la main, indiquant le pendentif.

"Vous êtes celui qui était destiné à le trouver. Portez-le avec fierté et rappelez-vous toujours l'histoire de notre famille."

Sophie acquiesça, incapable de dire un mot. La vieille femme sourit et se détourna, disparaissant dans les ombres du chalet.

Sophie resta là un moment, le pendentif serré dans sa main. Puis, lentement, elle se leva et sortit du chalet. Le soleil brillait à travers les arbres, illuminant le sentier de retour vers le village.

Elle sentit une étrange sensation de paix l'envahir alors qu'elle marchait, comme si elle avait découvert quelque chose de plus précieux que n'importe quel trésor. Et alors qu'elle portait le pendentif autour de son cou, elle savait que l'histoire du chalet et de sa famille resterait gravée dans son cœur pour toujours.

The Mystery of the Abandoned Chalet

In the heart of the mountains, hidden among the fir trees, stood an abandoned chalet. No one knew how long it had been there, but its cracked windows and moss-covered roof spoke of years gone by.

One day, a young woman named Sophie decided to explore the chalet. She had heard stories about this mysterious place and had always been intrigued. Armed with a flashlight and timid courage, she made her way through the trees to the chalet.

The door creaked as she opened it, revealing a deep darkness inside. Sophie entered slowly, her footsteps echoing on the dusty floor. The beams of light from her flashlight danced along the walls covered in faded wallpaper.

She explored the rooms, discovering dusty furniture and long-abandoned objects. But as she reached the attic, something caught her attention.

At the back of the attic, hidden under a stack of old sheets, was a wooden trunk. Sophie approached it curiously and opened it carefully. Inside, she found a notebook yellowed with age, filled with handwritten notes.

She began to read, uncovering the fascinating story of the chalet and its former inhabitants. They were a family of mountaineers, living in harmony with nature, until a series of tragic events forced them to abandon their home.

Sophie was captivated by every word, imagining the life of this long-forgotten family. But as she turned the last page of the notebook, she discovered a final note, written in ink that seemed still fresh.

"If you have found this notebook, it means you are destined to uncover the truth about our family. Beneath the chalet floor, you will find what you seek."

Her heart pounding with excitement, Sophie closed the notebook and hurried into the chalet's main room. She knelt down and began to inspect the floor, searching for a clue that might lead her to the promised discovery.

After a few minutes of frantic searching, her fingers hit something hard and cold under a loose board. Carefully, she lifted the board and found a wooden box adorned with intricate patterns.

She opened the box carefully and found a silver pendant inside, set with a sparkling blue stone. Her eyes widened at the beauty of the object. Who had hidden it here? And why?

As she gazed at the pendant, a shadow suddenly appeared in the doorway. Sophie startled, holding the pendant tightly in her hand.

"It is yours now," said a soft voice.

Sophie turned around and saw an old woman, her face wrinkled with age but her eyes shining with intelligence. She reached out, indicating the pendant.

"You are the one who was meant to find it. Wear it proudly and always remember the story of our family."

Sophie nodded, unable to speak a word. The old woman smiled and turned away, disappearing into the shadows of the chalet.

Sophie stood there for a moment, the pendant clutched in her hand. Then, slowly, she stood up and walked out of the chalet. The sun was shining through the trees, illuminating the path back to the village.

She felt a strange sense of peace washing over her as she walked, as if she had discovered something more precious than any treasure. And as she wore the pendant around her neck, she knew that the story of the chalet and its family would remain engraved in her heart forever.

Je sais pourquoi l'éléphant danse

Dans la savane africaine, il y avait un éléphant du nom d'Émile. Émile était un éléphant différent des autres. Il avait un air de joie et de légèreté qui le rendait unique parmi les siens.

Chaque matin, Émile se levait avec le soleil et se mettait à danser. Sa danse était gracieuse et puissante, faisant vibrer le sol sous ses pieds massifs. Les autres animaux de la savane regardaient avec émerveillement sa performance quotidienne.

Pourtant, malgré son talent pour la danse, Émile était souvent seul. Les autres éléphants le regardaient avec perplexité, se demandant pourquoi il gaspillait son temps à danser plutôt qu'à se nourrir ou à se reposer.

Mais Émile ne se souciait pas des opinions des autres. Il dansait parce que cela lui procurait de la joie et de la liberté, et c'était tout ce qui importait pour lui.

Un jour, alors qu'il dansait au bord de la rivière, Émile aperçut une famille de lions à l'affût. Les lions semblaient affamés et regardaient fixement les autres animaux de la savane.

Sachant qu'il devait faire quelque chose pour protéger ses amis, Émile se mit à danser devant les lions. Sa danse était si envoûtante que les lions en oublièrent leur faim et se mirent à regarder Émile avec étonnement.

Émile continua à danser, utilisant chaque mouvement pour divertir et distraire les lions. Bientôt, les autres animaux de la savane se joignirent à lui, dansant et chantant avec enthousiasme.

Finalement, les lions, rassasiés par le spectacle, décidèrent de partir sans faire de mal à personne. Les animaux de la savane applaudirent Émile, reconnaissants pour son courage et sa détermination à les protéger.

Émile continua à danser chaque jour, apportant de la joie et de l'espoir à tous ceux qui l'entouraient. Et bien que les autres éléphants ne comprennent toujours pas pourquoi il dansait, ils respectaient son choix et le laissaient vivre sa vie comme il l'entendait.

Car Émile savait pourquoi il dansait. Il dansait pour la vie, pour l'amour et pour la liberté. Et cela, pour lui, était la plus grande raison de danser de toutes.

I Know Why the Elephant Dances

In the African savanna, there was an elephant named Émile. Émile was different from the others. He had an air of joy and lightness that made him unique among his kind.

Every morning, Émile would rise with the sun and begin to dance. His dance was graceful and powerful, causing the ground to tremble beneath his massive feet. The other animals of the savanna watched with wonder at his daily performance.

Yet, despite his talent for dancing, Émile was often alone. The other elephants looked at him with puzzlement, wondering why he wasted his time dancing instead of eating or resting.

But Émile did not care about the opinions of others. He danced because it brought him joy and freedom, and that was all that mattered to him.

One day, as he danced by the river, Émile spotted a family of lions lurking nearby. The lions seemed hungry and were staring intently at the other animals of the savanna.

Knowing he had to do something to protect his friends, Émile began to dance in front of the lions. His dance was so captivating that the lions forgot their hunger and began to watch Émile with astonishment.

Émile continued to dance, using each movement to entertain and distract the lions. Soon, the other animals of the savanna joined him, dancing and singing with enthusiasm.

Eventually, the lions, satisfied by the spectacle, decided to leave without harming anyone. The animals of the savanna applauded Émile, grateful for his courage and determination to protect them.

Émile continued to dance every day, bringing joy and hope to all those around him. And although the other elephants still didn't understand why he danced, they respected his choice and let him live his life as he pleased.

For Émile knew why he danced. He danced for life, for love, and for freedom. And that, for him, was the greatest reason to dance of all.

38

Les Lucioles

Dans un petit village niché au creux des collines, vivait un homme solitaire nommé Étienne. Il passait ses journées à travailler dans les champs, cultivant des légumes pour nourrir sa famille et entretenant son petit jardin avec amour.

Étienne aimait la tranquillité de la campagne, le chant des oiseaux au lever du jour et le doux bruissement du vent dans les arbres. Mais parfois, lorsqu'il se retrouvait seul dans sa maison après le coucher du soleil, il sentait une pointe de mélancolie envahir son cœur.

Une nuit d'été, alors que la lune brillait haut dans le ciel étoilé, Étienne sortit de sa maison pour se promener dans les champs. Il marcha lentement, laissant ses pensées vagabonder au gré des étoiles scintillantes. Soudain, il aperçut quelque chose d'étrange au loin. Des lumières étincelantes dansaient parmi les arbres, illuminant la nuit de leur éclat magique. Étienne sentit son cœur battre plus vite d'excitation à la vue de ce spectacle enchanteur.

Intrigué, il se dirigea vers les lumières, se laissant guider par leur éclat. Plus il avançait, plus il sentait une étrange sensation de paix et de joie l'envahir. Il avait l'impression d'être transporté dans un autre monde, où tout était possible.

Finalement, Étienne arriva dans une clairière secrète, cachée au cœur de la forêt. Il resta bouche bée devant le spectacle qui s'offrait à lui : des lucioles dansaient parmi les arbres, illuminant la nuit de leur lumière douce et scintillante.

Étienne regarda avec émerveillement les lucioles, captivé par leur danse gracieuse et hypnotique. Il se sentit soudainement léger, comme si tous ses soucis avaient disparu dans la nuit.

Il s'assit parmi les herbes hautes, observant les lucioles virevolter dans l'air. Il se sentait en harmonie avec la nature, en communion avec l'univers tout entier.

Soudain, il entendit une voix douce derrière lui. C'était une femme, avec des cheveux aussi sombres que la nuit et des yeux brillants comme les étoiles. Elle lui sourit et s'assit à côté de lui, regardant les lucioles avec émerveillement.

"Tu es le bienvenu dans notre domaine, étranger", dit-elle d'une voix douce. "Nous sommes les gardiens de la nuit, les protecteurs de la magie. Et ce soir, nous t'invitons à partager notre joie et notre lumière."

Étienne regarda la femme avec étonnement. Il n'avait jamais vu une telle beauté, une telle grâce. Il se sentait hypnotisé par son regard, attiré par sa présence mystérieuse.

Pendant des heures, Étienne et la femme restèrent assis dans la clairière, regardant les lucioles danser sous la lueur de la lune. Ils parlèrent de tout et de rien, partageant des histoires et des rêves dans le calme de la nuit.

Finalement, lorsque l'aube commença à poindre à l'horizon, la femme se leva et tendit la main à Étienne. "Il est temps pour toi de partir, étranger", dit-elle doucement.

Étienne se leva lentement, sentant son cœur se serrer à l'idée de quitter la clairière enchantée. Il regarda une dernière fois les lucioles, gravant leur image dans sa mémoire pour l'éternité.

Puis, avec un dernier sourire à la femme mystérieuse, il prit le chemin du retour, portant avec lui le souvenir de cette nuit magique où les lucioles avaient illuminé sa vie d'une lumière douce et scintillante.

The Fireflies

In a small village nestled amidst the hills, lived a solitary man named Étienne. He spent his days working in the fields, cultivating vegetables to feed his family and tending to his small garden with love.

Étienne loved the tranquility of the countryside, the birdsong at dawn, and the gentle rustle of the wind in the trees. But sometimes, when he found himself alone in his house after sunset, he felt a tinge of melancholy creeping into his heart.

One summer night, as the moon shone high in the starry sky, Étienne stepped out of his house to take a walk in the fields. He walked slowly, letting his thoughts wander amidst the twinkling stars.

Suddenly, he spotted something strange in the distance. Glowing lights danced among the trees, illuminating the night with their magical glow. Étienne felt his heart beat faster with excitement at the sight of this enchanting spectacle.

Intrigued, he made his way towards the lights, guided by their radiance. The closer he got, the more he felt a strange sense of peace and joy wash over him. It was as if he was being transported to another world, where anything was possible.

Finally, Étienne arrived in a secret clearing, hidden deep within the forest. He stood in awe at the sight before him: fireflies danced among the trees, lighting up the night with their soft, twinkling light.

Étienne watched in wonder as the fireflies flitted through the air, captivated by their graceful and hypnotic dance. He suddenly felt light as air, as if all his worries had disappeared into the night.

He sat among the tall grass, watching the fireflies twirl in the air. He felt in harmony with nature, in communion with the entire universe.

Suddenly, he heard a soft voice behind him. It was a woman, with hair as dark as the night and eyes as bright as the stars. She smiled at him and sat down beside him, watching the fireflies with wonder.

"You are welcome to our domain, stranger," she said softly. "We are the guardians of the night, the protectors of magic. And tonight, we invite you to share in our joy and our light."

Étienne looked at the woman in astonishment. He had never seen such beauty, such grace. He felt hypnotized by her gaze, drawn to her mysterious presence.

For hours, Étienne and the woman sat in the clearing, watching the fireflies dance in the moonlight. They talked about everything and nothing, sharing stories and dreams in the quiet of the night.

Finally, as dawn began to break on the horizon, the woman stood up and reached out her hand to Étienne. "It is time for you to go, stranger," she said softly.

Étienne rose slowly, feeling his heart ache at the thought of leaving the enchanted clearing. He looked one last time at the fireflies, etching their image into his memory for eternity.

Then, with one last smile at the mysterious woman, he made his way back home, carrying with him the memory of this magical night when the fireflies had illuminated his life with their soft, twinkling light.

Le Papillon et le Lion

Il était une fois, dans une vaste prairie, un papillon qui volait gracieusement parmi les fleurs. Sa couleur éclatante et ses ailes délicates attiraient l'attention de tous ceux qui le voyaient. Il se posait sur les pétales, dansant au gré du vent, et apportait un éclat de beauté à ce coin de nature tranquille.

Un jour, alors que le papillon butinait une marguerite, il remarqua quelque chose d'extraordinaire : un lion se reposait à l'ombre d'un grand chêne, observant paisiblement le paysage. Le papillon était étonné. Les lions étaient censés être féroces et puissants, mais celui-ci semblait si calme et majestueux.

Intrigué, le papillon décida de s'approcher du lion. Il vola lentement vers lui, prenant soin de ne pas le déranger. Le lion leva les yeux vers lui, ses yeux dorés brillant d'une lueur curieuse. Le papillon se posa délicatement sur le museau du lion, se sentant étrangement en sécurité malgré sa petite taille.

"Bonjour, cher papillon", dit le lion d'une voix profonde mais douce. "Que fais-tu ici, dans cette prairie tranquille ?"

Le papillon battit des ailes, un peu nerveux d'être si près d'un si grand animal. "Je vole simplement, en profitant du beau temps et des fleurs. Et toi, cher lion, que fais-tu ici ?"

Le lion sourit, révélant de grandes dents blanches. "Je me repose et contemple la beauté qui m'entoure. Cette prairie est mon refuge, où je peux être en paix avec moi-même et avec le monde."

Le papillon était étonné. Il avait toujours pensé que les lions étaient préoccupés par la chasse et la domination, mais celui-ci semblait différent. Il se sentait attiré par la sagesse et la tranquillité du lion.

"Pourquoi es-tu si calme, cher lion ?" demanda le papillon, curieux.

Le lion soupira, son regard se perdant dans les lointains. "J'ai appris, au fil des années, que la véritable force réside dans la tranquillité de l'esprit. Les rugissements et les combats ne mènent qu'à la destruction et à la souffrance. Je préfère trouver la paix en moi-même et vivre en harmonie avec la nature."

Le papillon écouta attentivement, absorbant chaque parole avec fascination. Il avait toujours été attiré par la sagesse et la beauté, mais jamais il n'avait rencontré quelqu'un comme le lion.

"Comment puis-je trouver cette paix en moi-même ?" demanda le papillon, ses ailes tremblantes d'excitation.

Le lion sourit à nouveau, tendrement cette fois-ci. "Il te suffit de regarder à l'intérieur de toi-même, cher papillon. Trouve la beauté qui réside en toi, et laisse-la briller à travers tes actions et tes pensées. Sois comme le vent qui caresse les pétales, doux et bienveillant envers tout ce qui t'entoure."

Le papillon sentit son cœur se remplir de joie.

"Adieu, cher lion", dit le papillon, ses ailes brillant sous le soleil. "Merci de m'avoir montré la voie de la sagesse et de la paix."

Le lion inclina la tête en signe d'adieu, ses yeux brillant d'une lueur bienveillante. "Va en paix, cher papillon, et souviens-toi toujours de ce que tu as appris."

Et ainsi, le papillon s'envola dans le ciel, emportant avec lui les enseignements du lion.

Et dans la prairie, le vent soufflait doucement, portant avec lui le murmure des feuilles et le doux rire du papillon. Et quelque part dans le lointain, le lion souriait.

The Butterfly and the Lion

Once upon a time, in a vast meadow, there was a butterfly gracefully fluttering among the flowers. Its bright color and delicate wings attracted the attention of all who saw it. It landed on petals, dancing with the wind, bringing a sparkle of beauty to this tranquil corner of nature.

One day, as the butterfly was sipping nectar from a daisy, it noticed something extraordinary: a lion was resting in the shade of a grand oak tree, peacefully observing the landscape. The butterfly was astonished. Lions were supposed to be fierce and powerful, but this one seemed so calm and majestic.

Intrigued, the butterfly decided to approach the lion. It flew slowly towards him, being careful not to disturb him. The lion looked up at it, his golden eyes shining with a curious gleam. The butterfly delicately landed on the lion's muzzle, feeling strangely safe despite its small size.

"Hello, dear butterfly," said the lion in a deep yet gentle voice. "What are you doing here, in this tranquil meadow?"

The butterfly fluttered its wings, feeling a bit nervous being so close to such a large animal. "I'm just flying around, enjoying the nice weather and the flowers. And you, dear lion, what are you doing here?"

The lion smiled, revealing large white teeth. "I am resting and contemplating the beauty that surrounds me. This meadow is my refuge, where I can be at peace with myself and with the world."

The butterfly was amazed. It had always thought that lions were concerned with hunting and domination, but this one seemed different. It felt drawn to the lion's wisdom and tranquility.

"Why are you so calm, dear lion?" asked the butterfly, curious.

The lion sighed, his gaze drifting into the distance. "I have learned, over the years, that true strength lies in the tranquility of the mind. Roaring and fighting only lead to destruction and suffering. I prefer to find peace within myself and live in harmony with nature."

The butterfly listened attentively, absorbing every word with fascination. It had always been drawn to wisdom and beauty, but it had never met anyone like the lion.

"How can I find this peace within myself?" asked the butterfly, its wings trembling with excitement.

The lion smiled again, tenderly this time. "You just need to look inside yourself, dear butterfly. Find the beauty that resides within you, and let it shine through your actions and thoughts. Be like the wind that caresses the petals, gentle and kind to everything around you."

The butterfly felt its heart fill with joy.

"Goodbye, dear lion," said the butterfly, its wings shining in the sunlight. "Thank you for showing me the path of wisdom and peace."

The lion nodded farewell, his eyes shining with a benevolent gleam. "Go in peace, dear butterfly, and always remember what you have learned."

And so, the butterfly flew into the sky, carrying with it the lion's teachings.

And in the meadow, the wind blew gently, carrying with it the whisper of leaves and the soft laughter of the butterfly. And somewhere in the distance, the lion smiled.

La Couleur du Soleil

Dans un petit village au bord de la mer, vivait une jeune fille nommée Émilie. Chaque matin, elle se réveillait tôt pour regarder le lever du soleil depuis la fenêtre de sa chambre.

Émilie aimait voir le ciel se teinter de différentes couleurs alors que le soleil se levait lentement à l'horizon. Elle observait avec émerveillement les nuances de rose, d'orange et de jaune qui dansaient dans le ciel, illuminant le monde d'une lueur dorée.

Un jour, alors qu'elle regardait le lever du soleil, Émilie se demanda quelle couleur avait vraiment le soleil. Était-il rouge comme une pomme mûre ? Ou peut-être orange comme une carotte juteuse ? Ou peut-être même jaune comme une banane ?

Intriguée, Émilie décida de poser la question à sa grand-mère, une sage femme qui connaissait bien les mystères de la nature. Sa grand-mère sourit en entendant la question d'Émilie et lui dit qu'en réalité, le soleil n'avait pas de couleur spécifique.

"Le soleil est une énorme boule de gaz brillant", expliqua sa grand-mère. "Sa lumière est composée de toutes les couleurs de l'arc-en-ciel. C'est pour ça que quand tu regardes le soleil levant, tu vois toutes ces belles couleurs dans le ciel."

Émilie écouta attentivement les paroles de sa grand-mère, fascinée par ce qu'elle venait d'apprendre. Elle regarda à nouveau le lever du soleil, cette fois avec une nouvelle compréhension.

Alors que le soleil se levait lentement à l'horizon, Émilie ferma les yeux et imagina toutes les couleurs de l'arc-en-ciel se mêler dans la lumière dorée du soleil. Elle se sentit remplie de joie et d'émerveillement, sachant maintenant que le soleil était bien plus que simplement jaune, orange ou rouge.

Et alors que le soleil continuait de monter dans le ciel, illuminant le monde de sa lumière dorée, Émilie se sentit reconnaissante d'avoir eu la chance de voir la vraie couleur du soleil, une couleur aussi belle et changeante que les rêves d'un enfant.

The Color of the Sun

In a small village by the sea lived a young girl named Emilie. Every morning, she would wake up early to watch the sunrise from her bedroom window.

Emilie loved seeing the sky tinted with different colors as the sun rose slowly on the horizon. She would watch in awe as shades of pink, orange, and yellow danced in the sky, illuminating the world with a golden glow.

One day, as she watched the sunrise, Emilie wondered what color the sun really was. Was it red like a ripe apple? Or perhaps orange like a juicy carrot? Or maybe even yellow like a banana?

Intrigued, Emilie decided to ask her grandmother, a wise woman who knew the mysteries of nature well. Her grandmother smiled upon hearing Emilie's question and told her that in reality, the sun did not have a specific color.

"The sun is a huge ball of shining gas," explained her grandmother. "Its light is made up of all the colors of the rainbow. That's why when you look at the rising sun, you see all those beautiful colors in the sky."

Emilie listened carefully to her grandmother's words, fascinated by what she had just learned. She looked at the sunrise again, this time with a new understanding.

As the sun rose slowly on the horizon, Emilie closed her eyes and imagined all the colors of the rainbow blending into the golden light of the sun. She felt filled with joy and wonder, now knowing that the sun was much more than simply yellow, orange, or red.

And as the sun continued to rise in the sky, illuminating the world with its golden light, Emilie felt grateful to have had the chance to see the true color of the sun, a color as beautiful and changing as a child's dreams.

La Boutique

Dans une petite rue pavée d'une ville animée, se trouvait une boutique pleine de trésors. C'était un endroit magique, où les rêves prenaient vie et où chaque objet racontait une histoire.

La boutique appartenait à une femme nommée Camille, une vieille dame au visage doux et aux yeux pétillants. Elle avait passé sa vie à collectionner des objets de toutes sortes, des bibelots exotiques aux vieux livres poussiéreux.

Un jour, alors que le soleil brillait haut dans le ciel et que les rues étaient animées par l'agitation de la vie quotidienne, une jeune femme nommée Marie entra dans la boutique de Camille. Elle avait entendu parler de cet endroit mystérieux et avait décidé de le visiter par curiosité.

Dès qu'elle franchit la porte, Marie fut enveloppée par une vague de chaleur et de parfums enivrants. Elle regarda autour d'elle, émerveillée par la multitude d'objets qui couvraient les étagères et les tables.

Il y avait des bijoux étincelants, des statues anciennes, des tapis colorés et des peintures énigmatiques. Chaque objet semblait avoir une histoire à raconter, un mystère à dévoiler.

Camille sourit à Marie, l'accueillant chaleureusement dans sa boutique. Elle lui montra les trésors qu'elle avait collectés au fil des ans, expliquant leur origine et leur signification avec passion.

Alors qu'elle explorait la boutique, Marie tomba sur un objet qui attira immédiatement son attention : un petit coffret en bois orné de motifs complexes. Elle demanda à Camille de lui en dire plus sur cet objet mystérieux.

Camille sourit en voyant l'intérêt de Marie pour le coffret. Elle lui expliqua qu'il s'agissait d'un ancien coffret à secrets, utilisé par les voyageurs pour protéger leurs biens les plus précieux.

Intriguée, Marie ouvrit le coffret et découvrit à l'intérieur un petit pendentif en forme de lune. Elle le prit dans sa main et sentit une étrange sensation de chaleur et de réconfort l'envahir.

Camille regarda Marie avec un sourire bienveillant. Elle savait que le pendentif avait trouvé sa nouvelle propriétaire, quelqu'un qui saurait en apprécier la véritable valeur.

Marie remercia chaleureusement Camille pour son hospitalité et son accueil. Elle quitta la boutique avec le coffret et le pendentif, le cœur rempli de gratitude et de joie.

Et tandis que le soleil se couchait lentement à l'horizon, illuminant le ciel de teintes chaudes et dorées, Marie sourit, sachant qu'elle avait trouvé bien plus qu'un simple objet dans la boutique de Camille. Elle avait trouvé un morceau de son âme, un trésor précieux qui l'accompagnerait pour toujours dans son voyage à travers la vie.

The Boutique

In a small cobblestone street of a bustling town, there was a shop full of treasures. It was a magical place, where dreams came to life and where each object told a story.

The shop belonged to a woman named Camille, an old lady with a gentle face and sparkling eyes. She had spent her life collecting all sorts of items, from exotic trinkets to dusty old books.

One day, as the sun shone high in the sky and the streets buzzed with the hustle and bustle of daily life, a young woman named Marie entered Camille's shop. She had heard about this mysterious place and decided to visit out of curiosity.

As soon as she stepped through the door, Marie was enveloped by a wave of warmth and intoxicating scents. She looked around, amazed by the multitude of objects covering the shelves and tables.

There were sparkling jewelry, ancient statues, colorful carpets, and enigmatic paintings. Each object seemed to have a story to tell, a mystery to unveil.

Camille smiled at Marie, warmly welcoming her into her shop. She showed her the treasures she had collected over the years, explaining their origins and significance with passion.

As she explored the shop, Marie came across an object that immediately caught her attention: a small wooden box adorned with intricate patterns. She asked Camille to tell her more about this mysterious object.

Camille smiled at Marie's interest in the box. She explained that it was an ancient secret box, used by travelers to protect their most precious belongings.

Intrigued, Marie opened the box and found inside a small pendant in the shape of a moon. She took it in her hand and felt a strange sensation of warmth and comfort wash over her.

Camille looked at Marie with a benevolent smile. She knew that the pendant had found its new owner, someone who would truly appreciate its value.

Marie warmly thanked Camille for her hospitality and welcome. She left the shop with the box and the pendant, her heart filled with gratitude and joy.

And as the sun slowly set on the horizon, illuminating the sky with warm golden hues, Marie smiled, knowing that she had found much more than just an object in Camille's shop. She had found a piece of her soul, a precious treasure that would accompany her forever on her journey through life.

Un Soir à Paris

Il était une fois, dans les rues étroites de Paris, un homme nommé Luc. Luc était un artiste qui aimait la simplicité de la vie. Chaque soir, il se promenait dans les rues de la ville, observant les gens et les lumières étincelantes.

Ce soir-là, alors que le ciel prenait des teintes dorées au coucher du soleil, Luc décida de s'arrêter dans un petit café au coin de la rue. Il s'installa à une table près de la fenêtre et commanda un café noir.

Pendant qu'il sirotait son café, Luc observa les passants qui se pressaient sur le trottoir. Il y avait des couples main dans la main, des amis riant joyeusement et des artistes de rue jouant de la musique.

Soudain, son regard fut attiré par une jeune femme assise seule à une table voisine. Elle avait des cheveux blonds bouclés et des yeux pétillants comme des étoiles. Elle semblait perdue dans ses pensées, son regard fixé sur la rue animée devant elle.

Intrigué, Luc se leva de sa chaise et s'approcha d'elle. "Pardon, mademoiselle," dit-il avec un sourire timide, "puis-je m'asseoir avec vous?"

La jeune femme leva les yeux et lui rendit son sourire. "Bien sûr," répondit-elle doucement. "Je m'appelle Amélie. Et toi?"

"Luc," répondit-il. "Je suis artiste. Et toi, que fais-tu ici?"

Amélie expliqua qu'elle aimait venir au café pour observer les gens et trouver l'inspiration pour ses peintures.

Au fil des heures, Luc et Amélie continuèrent à discuter, échangeant des idées sur l'art, la vie et l'amour. Ils ne remarquèrent pas le temps qui passait, absorbés par leur conversation.

Quand le café ferma ses portes et que la nuit commença à tomber sur la ville, Luc proposa à Amélie de la raccompagner chez elle. Elle accepta avec un sourire timide, et ils se mirent en route, marchant côte à côte dans les rues silencieuses de Paris.

Finalement, ils arrivèrent devant l'appartement d'Amélie. Ils se regardèrent un instant, se perdant dans les yeux l'un de l'autre, avant de se dire au revoir avec un sourire.

"Merci pour cette belle soirée," dit Amélie doucement. "C'était un plaisir de te rencontrer, Luc."

"Le plaisir était pour moi," répondit-il, son cœur battant la chamade d'excitation. "Peut-être pourrions-nous nous revoir demain?"

Amélie sourit et hocha la tête. "J'adorerais ça," dit-elle.

Et avec un dernier regard échangé, Luc et Amélie se séparèrent, chacun emportant avec lui le souvenir d'une soirée magique à Paris, où deux âmes solitaires s'étaient rencontrées et avaient trouvé un peu de lumière dans l'obscurité de la nuit.

An Evening in Paris

Once upon a time, in the narrow streets of Paris, there was a man named Luc. Luc was an artist who loved the simplicity of life. Every evening, he would stroll through the city streets, observing the people and the sparkling lights.

That evening, as the sky turned golden at sunset, Luc decided to stop at a small café on the corner of the street. He sat down at a table near the window and ordered a black coffee.

As he sipped his coffee, Luc watched the passersby bustling on the sidewalk. There were couples hand in hand, friends laughing joyfully, and street artists playing music.

Suddenly, his gaze was drawn to a young woman sitting alone at a nearby table. She had curly blond hair and eyes sparkling like stars. She seemed lost in her thoughts, her gaze fixed on the lively street in front of her.

Intrigued, Luc got up from his chair and approached her. "Excuse me, miss," he said with a shy smile, "may I sit with you?"

The young woman looked up and returned his smile. "Of course," she replied softly. "My name is Amélie. And you?"

"Luc," he replied. "I'm an artist. And you, what are you doing here?"

Amélie explained that she liked to come to the café to observe people and find inspiration for her paintings.

As the hours passed, Luc and Amélie continued to talk, exchanging ideas about art, life, and love. They didn't notice the time slipping away, absorbed in their conversation.

When the café closed its doors and night began to fall over the city, Luc offered to walk Amélie home. She accepted with a shy smile, and they set off, walking side by side through the silent streets of Paris.

Finally, they arrived outside Amélie's apartment. They looked at each other for a moment, getting lost in each other's eyes, before saying goodbye with a smile.

"Thank you for this beautiful evening," said Amélie softly. "It was a pleasure to meet you, Luc."

"The pleasure was mine," he replied, his heart pounding with excitement. "Perhaps we could meet again tomorrow?"

Amélie smiled and nodded. "I would love that," she said.

And with one last exchanged glance, Luc and Amélie parted ways, each carrying with them the memory of a magical evening in Paris, where two solitary souls had met and found a little light in the darkness of the night.